TEXAS EN EL SIGLO XX

SIGLO XX

Construyendo industria y comunidad

T0136562

Harriet Isecke

Consultora

Devia Cearlock
Especialista en estudios sociales de jardín
de niños a 12.º grado
Amarillo Independent School District

Créditos de publicación

Dona Herweck Rice, *Jefa de redacción*

Conni Medina, *Directora editorial*

Lee Aucoin, *Directora creativa*

Marcus McArthur, Ph.D., *Editor educativo asociado*

Neri García, *Diseñador principal*

Stephanie Reid, *Editora de fotografía*

Rachelle Cracchiolo, M.S.Ed., *Editora comercial*

Créditos de imágenes

Tapa U.S. Army & The Granger Collection; pág. 1
U.S.Army; págs. 2–3 The Granger Collection; págs.
4–5 LOC[LC–USZ62–136623]; pág. 5 Newscom;
pág. 6 (izquierda) LOC[LCUSZ62–96858]; pág. 6
(derecha) LOC [LC–USZ62–16565]; pág. 7 (izquierda)
LOC [LC–DIG–highsm–15189]; pág. 7 (derecha)
Getty Images; pág. 8 LOC [LC–USF33–012300–M3];
pág. 9 San Antonio Express–News/Newscom; pág.
10 (izquierda) Universidad de Texas en Biblioteca
Arlington, Arlington, Texas; pág. 10 (derecha) LOC
[LC–USZ62–4723]; pág. 11 LOC[LC–DIGhighsm–12335];
pág. 11 (barra lateral) Museo de la Energía de Texas;
pág. 12 LOC [LC–DIG–fsa–8a25708]; pág. 13 Alamy;
pág. 13 (barra lateral) Associated Press; pág. 14 The
Granger Collection; pág. 15 Getty Images; pág. 16
TheTexas Collection, Baylor University, Waco, Texas;
pág. 17 Minnie Fisher Cunningham Papers, 1914–1944/
Bibliotecas de la Universidad de Houston; pág. 17
(barra lateral) LOC[LC–USZ62–66357]; pág. 18 Getty
Images; pág. 19 Associated Press; pág. 19 (barra lateral)
LOC [LC–DIG–ppmsc–01266]; pág. 20 (izquierda)
Associated Press; pág. 20 (derecha) Getty Images;
pág. 21 Special Collections and Archives – Biblioteca
Mary and Jeff Bell /Universidad A&M de Texas, Corpus
Christi; pág. 22 Getty Images; pág. 23 Associated Press;
pág. 23 (barra lateral) LOC [LC–USZC4–7931]; pág.
24 Getty Images; pág. 25 LOC[LC–USW33–038539];
pág. 25 (barra lateral) ZUMA Press/Newscom; pág. 26
(izquierda) Newscom; pág. 26 (derecha) Alamy; pág.
27 Getty Images; pág. 28 U.S.Census Bureau; pág. 29:
NASA/Neil A. Armstrong; pág. 32: LOC[LC–USZ62–4723];
todas las demás imágenes de Shutterstock.

Teacher Created Materials

5301 Oceanus Drive
Huntington Beach, CA 92649-1030
http://www.tcmpub.com

ISBN 978-1-4333-7222-3

© 2013 Teacher Created Materials, Inc.

Tabla de contenido

Cambiando con los tiempos

El siglo xx fue una época de grandes cambios para Texas. En 1900 Texas era tierra de granjas y ranchos. Pero hacia fines de siglo Texas se llenó de ciudades e **industrias**. Houston, Dallas y San Antonio eran ciudades con mucho movimiento. Prosperaron compañías en todo el estado.

Texas también tuvo cambios en su población. Durante la primera parte del siglo xx la mayoría de los texanos eran **anglo-americanos.** Estos son personas blancas que vinieron de Europa a Norteamérica. La mayoría de los anglo-americanos eran **protestantes**. Sin embargo, hacia fines de siglo gente de todos los grupos religiosos y étnicos llamaba a Texas su hogar.

El poder en Texas también cambió en esa época. A principios del siglo xx Texas era un estado donde los hombres blancos tenían casi todo el poder. Pero hacia fines de siglo las mujeres y las **minorías** ganaron más derechos e influencia.

Dallas, 1920

Antiguamente Texas era un lugar donde la gente vivía una vida tranquila, estrechamente relacionada con la tierra. Con el correr del tiempo, Texas se convirtió en un estado productor. Su tecnología avanzada hizo que la vida fuese más fácil. Los laboratorios experimentales del estado ayudaron a cambiar el mundo. Todos estos cambios afectaron enormemente el modo de vida de los texanos.

Dallas, 2012

Diferencias religiosas

Cuando los primeros colonos estadounidenses llegaron, Texas era parte de México. A los colonos se les dieron tierras, y ellos debían convertirse al catolicismo. Pero no todos lo hicieron. Cuando Texas se convirtió en estado en 1845 la mayoría de la gente era protestante. En la actualidad muchos texanos se consideran **evangélicos**. Sin embargo, hay muchas otras religiones en todo el estado.

Gran negocio

En el siglo xx muchos texanos tuvieron éxito en la plantación de algodón, en la cría de ganado y en la extracción de petróleo. Estas industrias hicieron que más gente pusiera atención a los bienes raíces, o propiedades, de Texas como forma de ganar dinero.

Las industrias en Texas
Rey algodón

El siglo xx trajo grandes cambios para las industrias de Texas. Había **auge** cuando las industrias crecían y **bancarrota** cuando fracasaban. La industria del algodón en Texas enfrentó una serie de apogeos y caídas entre los años 1900 y 2000.

A principios de siglo la industria del algodón era la segunda industria más grande de Texas. La industria de la madera era la más grande. La semilla de algodón puede usarse para hacer muchas cosas diferentes, desde aceite de cocina hasta jabón.

A principios del siglo xx los texanos construyeron demasiadas plantas procesadoras de semilla. En poco tiempo el algodón no era suficiente para abastecer a tantas plantas. Ya para 1919 el auge del algodón pasó a la decadencia. Luego, en 1931, Texas aprobó una nueva ley. Esta limitaba la cantidad de tierra que podía utilizarse para plantar algodón. Y esto protegió a la industria del algodón.

planta algodonera en Dallas, 1905

mercado de algodón, Gainesville, 1910

En la década de 1940 la Segunda Guerra Mundial incrementó la demanda de aceite comestible. Pero no había suficientes semillas de algodón para hacer aceite. Por lo tanto los texanos comenzaron a hacer aceite con otros cultivos, como el maní y la soja.

A comienzos de la década de 1960 los granjeros texanos intentaron cultivar otros granos. Estos cultivos les dieron más dinero. Sin embargo, el algodón seguía siendo un gran negocio en Texas. En 1990 Texas produjo cerca de la mitad del aceite de semilla de algodón que Estados Unidos exportó a otros países.

Cultivar por dinero

Agricultura comercial significa "cultivar por dinero". Esta se lleva a cabo cuando los granjeros cultivan comida para vender más que para consumo familiar. Durante el siglo xx Texas se convirtió en un gran estado agrícola comercial.

Cuatro partes

La semilla de algodón puede separarse en cuatro partes: aceite, fibra, cáscara y harina. Con el aceite de semilla de algodón se hace margarina, aceite comestible y aceite para ensaladas. La fibra se usa para hacer papel y relleno para muebles. La cáscara de la semilla se usa para alimentar al ganado, y para hacer combustible y jabón. La harina de la semilla de algodón se usa para hacer alimento para animales.

inspección de algodón

semillas de algodón

arreo de ganado cerca de Marfa, Texas, 1939

Tierra de ganado

El ganado llegó a Texas con los primeros colonos españoles. La cría de ganado no tardó mucho en convertirse en un gran negocio. Pero los rancheros tuvieron sus altas y bajas en el siglo xx.

A principios del siglo xx la industria del ganado en Texas se encontraba en apuros. El torrente constante de colonos que llegaba a Texas disminuyó los **campos** abiertos. Esto llevó a que hubiese menos tierra disponible para alimentar al ganado. Luego, en 1914, la Primera Guerra Mundial incrementó la demanda de carne vacuna. La cría de ganado entró en auge otra vez.

En 1929 la economía de Estados Unidos colapsó. Muchos rancheros asumieron riesgos financieros en la **bolsa de valores**. A principios de la década de 1930 estos rancheros se fueron a la ruina. Una gran **sequía** empeoró las cosas. Hizo que mucho pasto se secara. Los precios del ganado cayeron.

Durante la **Gran Depresión** el gobierno ayudó a la industria ganadera. Compró y mató mucho ganado. Esto significa que había menos ganado compitiendo por buenos **pastizales**. El comienzo de la Segunda Guerra Mundial también incrementó la demanda de carne vacuna. El mercado del ganado se recuperó lentamente.

Más tarde en el siglo xx los rancheros texanos comenzaron a utilizar tecnología moderna. Incorporaron helicópteros y computadoras a sus herramientas. En la actualidad Texas sigue siendo el productor líder de carne vacuna en el país.

Los *longhorns* de Texas

Los *longhorns* eran una raza de ganado criado en Texas. Eran lo suficientemente robustos como para sobrevivir al clima seco. Los rancheros criaban este ganado por su carne y por su cuero.

Ranchos modernos

Hacia fines del siglo xx los ranchos eran muy diferentes a lo que habían sido una vez. Tenían millas de cercas en vez de ser campos abiertos. Tenían corrales, o encierros, permanentes para caballos y ganado. Incluso tenían rampas para mover con facilidad al ganado hacia arriba o hacia abajo.

Un ranchero utiliza un helicóptero para rastrear y arrear el ganado.

Oro negro

Los texanos sabían que había petróleo en el suelo porque a menudo un líquido negro viscoso burbujeaba hacia la superficie. Algunas personas lo usaban para impermeabilizar sus botas o botes. Otros lo frotaban en sus máquinas para que funcionaran mejor.

En 1901 un hombre llamado Anthony Lucas buscaba petróleo bajo la colina Spindletop cerca de Beaumont, Texas. Un día encontró el **oro negro**. El petróleo salía a chorros como si fuese una fuente y alcanzaba una altura de 150 pies (46 m). El petróleo siguió saliendo durante nueve días hasta que los trabajadores pudieron controlar el **surtidor**. La industria moderna del petróleo había comenzado.

surtidor en la colina Spindletop, 1901

Para el año 1902 ya había 285 pozos de petróleo en Spindletop. La gente se trasladaba a Texas para intentar hacerse rica.

La industria del petróleo se disparó. Las compañías construían **oleoductos** para llevar el petróleo de un lugar a otro. Grandes **refinerías** convertían el petróleo en gasolina y, más tarde, en combustible para aviones. En la actualidad la industria del petróleo sigue siendo básica para la economía de Texas.

Pattillo Higgins

refinería de petróleo cerca de Houston, Texas

El profeta de Spindletop

En el año 1892 un texano llamado Pattillo Higgins estaba convencido de que las máquinas del futuro funcionarían con petróleo en lugar de carbón. Él pensaba que había petróleo en las colinas de Texas, como Spindletop. ¡Higgins tenía razón! Rápidamente fue conocido como el "**profeta de Spindletop**".

Accionado con petróleo

De repente había tanto petróleo que la gente tuvo que encontrarle otros usos. En ese momento los trenes y los barcos funcionaban con carbón, pero en unos pocos años la mayoría de los trenes y los barcos ya funcionaban con petróleo.

De la granja a la ciudad

Como muchos estados, Texas atravesó un proceso de **urbanización**. En 1900 la mayoría de los texanos vivía en áreas **rurales** y vivía de la agricultura y la ganadería. La tierra era barata. Todas las familias usaban mucha tierra para el cultivo y para sus animales. Las casas se encontraban muy separadas.

Con el tiempo el precio de la tierra aumentó y muchos granjeros y rancheros vendieron sus tierras. Consiguieron trabajo en la industria del petróleo y en nuevas fábricas. La gente se mudó más cerca de su lugar de trabajo. Los pueblos crecieron rápidamente alrededor de la actividad comercial.

Pronto los ferrocarriles llegaron a Texas; estos conectaban a los pueblos y facilitaban el movimiento de las personas y de los productos. Mucha gente se mudó a los pueblos para estar cerca de las estaciones del tren.

Una mujer lava ropa en una granja rural en Texas en 1939.

Hacia fines del siglo XX Houston, Texas, tenía casi dos millones de habitantes.

Texas crece

En el siglo XX la población de Texas creció a un paso mucho más rápido que la del resto del país. Esto se debió principalmente a la inmigración, en especial desde México. ¡Para el año 2000 la cantidad de inmigrantes que llegaban a Texas cada año era mayor que la cantidad de bebés nacidos en el estado!

Conectando gente

Para todos estos texanos era importante comunicarse unos con otros. Durante el siglo XX la industria de las comunicaciones cobró importancia en Texas. Los periódicos, los teléfonos, la televisión y las computadoras unieron a Texas con el resto de Estados Unidos y el mundo.

A mediados de siglo muchos **inmigrantes** vinieron a Texas desde Europa. No tenían dinero para comprar tierras. Así que se mudaban a los pueblos y conseguían trabajo en las fábricas. Estos pueblos pronto se convirtieron en ciudades. Con el correr del tiempo, las autopistas conectaron a Texas con el resto del país. Luego los aeropuertos conectaron a Texas con el resto del mundo.

Hacia fines de siglo 10 ciudades de Texas ya tenían más de 200,000 habitantes. Tres de esas ciudades tenían más de un millón de residentes!

Luchando por la igualdad
Tiempo de reforma

El inicio del siglo xx fue una época emocionante en Estados Unidos. Los nuevos inventos y los trabajos hacían que la vida fuera mucho mejor para mucha gente, pero muchos estadounidenses querían que la sociedad fuera más justa. Estos **reformadores**, o gente que trabaja por el cambio, intentaban cambiar las leyes injustas. Este período en el que la gente luchó por los derechos igualitarios se denomina Era Progresiva.

Durante gran parte del siglo xx los afro-americanos fueron **segregados**, o forzados a permanecer separados de la gente blanca. Algunos hombres blancos formaron grupos secretos para asegurarse de que el poder quedara en manos de los blancos. Amenazaban, golpeaban y mataban a los afro-americanos.

Estudiantes protestan en contra de la segregación en Austin, 1949.

Los mexicano-americanos también eran tratados de manera injusta. Tenían que realizar trabajos muy duros y se les pagaba menos que a los blancos. Las mujeres sufrían el mismo tipo de injusticia. No se les permitía votar.

trabajadores de la construcción en huelga, 1913

Pero las cosas estaban a punto de cambiar tanto en Texas como en el resto del país. Algunos texanos creían que todos debían ser tratados justamente. Los reformistas comenzaron a trabajar por los derechos igualitarios de todos los ciudadanos. Los afro-americanos, mexicano-americanos y las mujeres comenzaron a luchar por la igualdad. Texas y Estados Unidos nunca volverían a ser los mismos.

Agrarios

A principios del siglo XX los grupos **agrarios** luchaban para proteger los derechos de los granjeros pequeños y los trabajadores agrícolas. Esto fue parte de un movimiento nacional denominado populismo. La mayoría de la gente que componía estos grupos eran granjeros, rancheros y afro-americanos. Querían proteger a los granjeros y a los trabajadores de los negocios grandes.

Los derechos de los trabajadores

Durante el siglo XX la gente dejó sus granjas y comenzó a trabajar para otros. Pero descubrieron que había muchos problemas que tenían que ser resueltos. Por lo tanto, los trabajadores se organizaron en sindicatos, u organizaciones, para resolver estos problemas. Los sindicatos ayudaron a los trabajadores a tener mejores condiciones de trabajo y ganar salarios justos.

Derechos igualitarios para las mujeres

En la Declaración de Independencia, los Padres Fundadores de Estados Unidos escribieron que "todos los hombres son creados iguales". Pero las mujeres compartían pocas libertades con los hombres de Estados Unidos, inclusive el derecho a votar. Esto cambiaría en el siglo xx.

El movimiento por el **sufragio** femenino llegó a Texas en 1903. *Sufragio* significa "derecho a votar". Al principio pocos hombres apoyaron la idea porque pensaban que si se les daba a las mujeres el derecho a votar, se olvidarían de su trabajo en el hogar.

Las sufragistas texanas sabían que tenían una dura lucha por delante, pero estaban preparadas para eso. Para 1918 había 98 grupos de sufragistas en todo el estado. Estos grupos daban discursos, repartían panfletos y marchaban por su causa.

Una mujer marcha en pro del sufragio femenino en Waco, Texas.

formation for the Voter

Time to register, June 26th to July 12th

Place of registration, County Clerk's Office

Date of election, July 27th, 1918

WHO TO VOTE FOR

WILLIAM PETTUS HOBBY

The man whom good women want

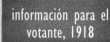

información para el votante, 1918

Vote for HOBBY for Governor

The man who
Stands behind Wilson in winning the war.
Who has enabled Texas women to vote in the place of her disfranchised soldier boy.
Who gave Texas prohibition as a war measure.
Who has morally safeguarded our Soldiers by recommending the 10-mile zone.
Who has protected Texas girls by raising the age of consent from 15 to 17.

Aquel año William Hobby fue electo gobernador de Texas. Él apoyaba el derecho al voto de las mujeres. Su apoyo y el gran trabajo de miles de mujeres en Texas y en todo el país ayudaron a la causa.

Al año siguiente se les pidió a los estados **ratificar** la decimonovena **enmienda** a la Constitución de Estados Unidos. Este cambio les otorgó a las mujeres el derecho a votar. Texas se convirtió en el noveno estado en ratificar la enmienda. Se convirtió en ley en 1920.

Luchando por las mujeres

Jane McCallum fue líder del movimiento por el sufragio femenino en Texas. En 1915 fue electa presidenta de la Asociación del Sufragio Femenino de Austin. También fue secretaria de estado de Texas.

Una jugadora poderosa

La esposa de William Hobby, Oveta Culp Hobby, también tuvo un papel activo en la política de Texas. Durante la Segunda Guerra Mundial fue oficial al mando del Cuerpo de Mujeres del Ejército. En 1953 se convirtió en la primera secretaria del Departamento de Salud, Educación y Bienestar. También aparece en la tapa de este libro.

Oveta Culp Hobby

Los derechos de los afro-americanos

Texas entró a la Unión como un estado esclavista, pero la guerra de Secesión liberó a todos los esclavos estadounidenses. Esto puso nerviosos a algunos texanos blancos porque sabían que los esclavos habían sido maltratados. Ahora les preocupaba que quienes habían sido esclavos quisieran vengarse. También creían que los esclavos liberados les quitaría el trabajo y el poder a los blancos.

Los hombres blancos de muchos estados sureños formaron clubes secretos porque querían proteger el poder de los blancos. Los clubes aterrorizaban a los afro-americanos y a cualquiera que los ayudara. El Kukuxklán, o KKK, fue uno de estos grupos que luchó contra los **derechos civiles**. El KKK amenazaba, quemaba casas y atacaba gente. También **lincharon**, o ahorcaron, a muchos afro-americanos.

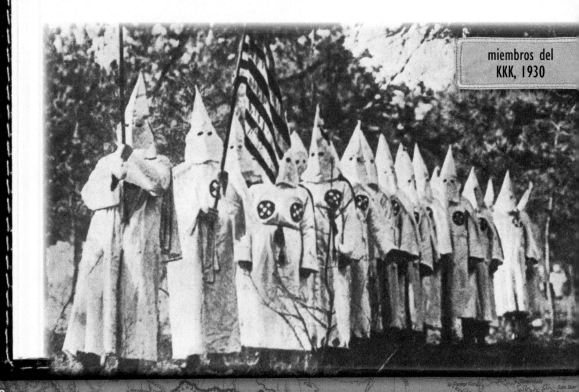

miembros del
KKK, 1930

A principios del siglo xx los estados del sur aprobaron las leyes de Jim Crow que segregaban a los afro-americanos de los blancos. Las leyes forzaban a los grupos a usar baños y bebederos aparte. También les daban a los afro-americanos los peores sectores en los restaurantes, teatros y autobuses.

hombres bebiendo de bebederos segregados

En la década de 1960 muchos trabajadores en pro de los derechos civiles fueron al sur. Daban discursos, realizaban marchas para hacer notar las leyes injustas y ayudaban a los afro-americanos a que se inscribieran para votar. También ayudaron a hacer que la segregación fuera ilegal en todo el país.

Maestra se convierte en luchadora

Lulu Belle Madison White era maestra de escuela en Texas. Comenzó a trabajar en la Asociación Nacional para el Progreso de las Personas de Color (*NAACP* por sus siglas en inglés) en la década de 1930. White ayudó a anular las leyes injustas que les prohibían a los afro-americanos votar. También luchó para lograr el pago igualitario a los maestros afro-americanos.

Un luchador pacífico

El texano James Farmer ayudó a crear el Congreso de la Igualdad Racial en 1942. Luchó por terminar con la segregación racial a través de medios no violentos. Muchos creen que fue el primer afroamericano en Texas en recibir un doctorado, el título académico más alto que alguien puede obtener.

James Farmer

niños tejanos en El Paso, 1942

trabajadores tejanos en un campo de algodón en Texas, 1939

La lucha de los tejanos

Los **tejanos** eran texanos de **herencia** mexicana. Los anglo-americanos eran texanos de origen europeo. Los tejanos y los anglo-americanos lucharon codo a codo en la Revolución de Texas. Muchos tejanos se desempeñaron en cargos públicos cuando Texas fue una nación independiente. Pero al comienzo del siglo xx los tejanos eran tratados como intrusos.

La mayoría de los tejanos vivía en la pobreza. Tenían escuelas pobres y una mala asistencia médica. No tenían las mismas oportunidades que los texanos blancos.

Héctor García fue un líder tejano. Su familia llegó a Texas en 1917. Su padre quería que sus hijos recibieran una buena educación. García se hizo médico en Texas.

Luego de prestar servicio en la Segunda Guerra Mundial, García regresó a Texas. Dirigió la Liga de Ciudadanos Latinoamericanos Unidos (*LULAC* por sus siglas en inglés). Este grupo luchaba por la igualdad de derechos para los **hispanos** de Texas y de todo el país.

Durante la segunda mitad del siglo xx los texanos hispanos ganaron más poder y derechos. Más hispanos fueron a la universidad, y los candidatos hispanos comenzaron a ganar en las elecciones. Una vez en el cargo, luchaban por mejorar la vida de su gente. En la actualidad los líderes hispanos siguen trabajando por la igualdad en Texas.

Ayudar a quienes lo necesitan

Los trabajadores itinerantes son aquellos que viajan de granja en granja para cosechar los cultivos. Texas tenía muchos trabajadores itinerantes en el siglo xx. Se les pagaba muy poco y tenían que trabajar en malas condiciones. Héctor García trató de ayudar a los trabajadores itinerantes en Mathis, Texas.

LULAC

En 1929 líderes mexicano-americanos formaron *LULAC* para luchar en contra de las leyes que eran injustas para los hispanos. Al principio trataban los problemas que los hispanos enfrentaban en Texas, pero rápidamente se convirtió en una organización nacional. En la actualidad *LULAC* es el grupo pro derechos humanos hispano más grande de Estados Unidos.

Héctor García

El mundo en guerra

La Gran Guerra

En 1914 estalló la Primera Guerra Mundial en Europa. La guerra, también conocida como la Gran Guerra, enfrentó a las potencias centrales contra los aliados. Austria, Hungría y Alemania constituían las potencias centrales. Rusia, Francia, Gran Bretaña y otros peleaban como aliados.

Los texanos se interesaron en la guerra desde el comienzo. Alemania había intentado originar problemas en la frontera entre Texas y México y ahora su preocupación era que Estados Unidos se uniese a los aliados. Alemania quería mantener ocupado a Estados Unidos peleando contra México.

Los alemanes enviaron un mensaje a su **enviado** en Washington para que se lo entregara al líder mexicano. A este mensaje se le conoce como el telegrama Zimmermann. En este telegrama Alemania le pedía a México que peleara contra Estados Unidos. Prometieron ayudar a México a recuperar Texas y otros estados si México ayudaba a Alemania en la guerra.

Texanos alistándose en el ejército en San Antonio en 1917.

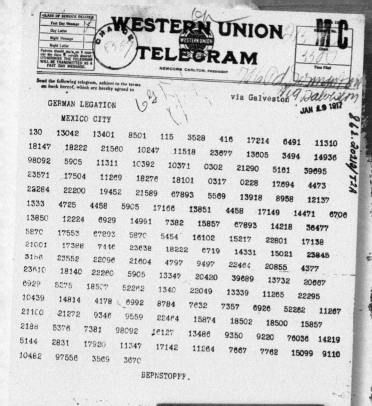

CLASS OF SERVICE DESIRED

Fast Day Message

Day Letter

Night Message

Night Letter

Patrons should mark an X oppo-
site the class of service desired;
OTHERWISE THE TELEGRAM
WILL BE TRANSMITTED AS A
FAST DAY MESSAGE.

WESTERN UNION TELEGRAM

NEWCOMB CARLTON, PRESIDENT

Send the following telegram, subject to the terms
on back hereof, which are hereby agreed to

via Galveston

JAN 19 1917

GERMAN LEGATION

MEXICO CITY

130	13042	13401	8501	115	3528	416	17214	6491	11310
18147	18222	21560	10247	11518	23677	13605	3494	14936	
98092	5905	11311	10392	10371	0302	21290	5161	39695	
23571	17504	11269	18276	18101	0317	0228	17694	4473	
23284	22200	19452	21589	67893	5569	13918	8958	12137	
1333	4725	4458	5905	17166	13851	4458	17149	14471	6706
13850	12224	6929	14991	7382	15857	67893	14218	36477	
5870	17553	67893	5870	5454	16102	15217	22801	17138	
21001	17388	7446	23638	18222	6719	14331	15021	23845	
3156	23552	22096	21604	4797	9497	22464	20855	4377	
23610	18140	22260	5905	13347	20420	39689	13732	20667	
6929	5275	18507	52262	1340	22049	13339	11265	22295	
10439	14814	4178	6992	8784	7632	7357	6926	52262	11267
21100	21272	9346	9559	22464	15874	18502	18500	15857	
2188	5376	7381	98092	16127	13486	9350	9220	76036	14219
5144	2831	17920	11347	17142	11264	7667	7762	15099	9110
10482	97556	3569	3670						

BERNSTORFF.

Charge German Embassy.

el telegrama Zimmermann,
escrito en código

Sirviendo al país

Alrededor de 200,000 texanos prestaron servicio en las fuerzas armadas de Estados Unidos durante la Primera Guerra Mundial. Alrededor de 450 mujeres prestaron servicio como enfermeras. Cerca de 5,000 texanos murieron mientras servían a su país.

Las huertas de la victoria

Los texanos apoyaron el esfuerzo bélico mediante el ahorro de comida. Evitaban el trigo los lunes, la carne los martes y el cerdo los jueves y los sábados. También hicieron "huertas de la victoria" para que las granjas pudieran utilizarse para cultivar alimentos para los soldados.

Los texanos descubrieron el telegrama y se enfadaron. También se enfadó el presidente de Estados Unidos, Woodrow Wilson. Cuatro días después Estados Unidos le declaró la guerra a las potencias centrales.

La Primera Guerra Mundial se desarrolló entre los años 1914 y 1918. Muchos texanos pelearon valientemente en la guerra. Cuatro ganaron la Medalla de Honor, el reconocimiento más importante del ejército de Estados Unidos.

póster de las huertas
de la victoria

Segunda Guerra Mundial

En 1939 otra guerra se estaba gestando en Europa. El líder alemán, Adolf Hitler, reunía a los judíos de Europa para matarlos. Este plan llegó a conocerse como la Solución Final, u Holocausto. Un miembro del congreso de Estados Unidos, representante de Texas, arriesgó su carrera para ayudar. Lyndon B. Johnson ayudó a cientos de judíos en Polonia a trasladarse de manera ilegal a Texas. También prestó servicio en la marina durante la guerra. Johnson hasta estuvo en combate en el pacífico sur. Regresó a casa solo cuando el presidente Franklin D. Roosevelt le pidió a todos los miembros del congreso que regresaran a Washington, DC.

Lyndon Johnson (izquierda) como oficial de la marina de Estados Unidos durante la Segunda Guerra Mundial

el ataque a Pearl Harbor

Crecimiento en época de guerra

La economía de Texas creció durante la Segunda Guerra Mundial. Texas proporcionaba el combustible para las máquinas de guerra. Se les enviaba a los soldados comida que se cultivaba en el estado. Las plantas procesadoras de acero y las fábricas de aviones ayudaron a las tropas de los aliados a prepararse para la guerra. Durante la guerra, 500,000 texanos se trasladaron de las áreas rurales a la ciudad.

En 1941 Japón atacó los barcos estadounidenses atracados en Pearl Harbor, Hawái. Estados Unidos sintió que no tenía más opción que responder. El presidente Roosevelt le declaró la guerra a Japón y Estados Unidos ingresó a la Segunda Guerra Mundial.

Los texanos se unieron rápidamente a la guerra. Alrededor de 750,000 texanos pelearon en la Segunda Guerra Mundial. Texas fue el hogar de muchos campos militares que entrenaron a más de un millón de soldados para el combate. Los prisioneros de guerra también fueron a Texas. Permanecían en los campos militares del estado. Las fábricas texanas produjeron muchas de las provisiones que los militares necesitaban para la guerra.

Héroes de guerra

Los texanos Audie Murphy y Cleto Rodríguez recibieron la Medalla de Honor por su desempeño en la Segunda Guerra Mundial. Murphy fue el veterano de guerra más condecorado. Más tarde se convirtió en un actor famoso y ¡apareció en 44 películas!

Audie Murphy

La campaña "*I like Ike*" de Eisenhower Lubbock, Texas, 1952

I LIKE IKE

Texas bipartidista

En 1900 Estados Unidos tenía un sistema político bipartidista. Esto es cuando dos partidos manejan la mayor parte del poder político. Candidatos del Partido Democrático y del Partido Republicano competían por los cargos públicos. Pero en Texas había poca competencia. Los texanos votaron por los demócratas. Los republicanos habían liberado a los esclavos. Así que muchos texanos no los apoyaban.

En 1952 los texanos vieron a los republicanos de una manera nueva. Dwight D. Eisenhower se postuló para la presidencia de Estados Unidos. Él nació en Texas. Había sido general en la Segunda Guerra Mundial. Los estadounidenses, incluso los texanos, lo amaban. Eisenhower era republicano, pero los texanos votaron por él de todas formas.

Los texanos celebran la victoria de George W. Bush en las elecciones presidenciales del 2000.

En ese momento el Partido Demócrata comenzó a cambiar. Los demócratas del sur creían en los derechos de los estados. No querían que el gobierno de Estados Unidos les dijera qué hacer. Pero los demócratas del norte creían en un gobierno federal sólido. Con el correr del tiempo el Partido Democrático tomó varias ideas de los demócratas del norte.

Los texanos tuvieron que reconsiderar a qué partido apoyarían. El Partido Republicano comenzó a aceptar un gobierno central más pequeño como querían los demócratas del sur. Muchos demócratas sureños en Texas se hicieron republicanos. A los evangélicos de Texas también les gustaba que los republicanos apoyaban los principios tradicionales. Durante la segunda mitad del siglo xx la mayoría de los texanos votó por el Partido Republicano.

Texanos en la Casa Blanca

Texas envió a cuatro hombres a la Casa Blanca en el siglo xx. El presidente Eisenhower era republicano. El presidente Lyndon B. Johnson era demócrata. Los presidentes George H. W. Bush y su hijo, George W. Bush, eran republicanos.

Otras opciones

Tener un sistema bipartidista no significa que solo los demócratas y los republicanos puedan postularse para ocupar cargos públicos. En 1992 y en 1996 un hombre de negocios de Texas llamado Ross Perot se postuló para presidente de manera independiente. Ron Paul, un médico texano, se postuló para presidente por el Partido Libertario en 1988. Estos hombres recibieron muchos votos, pero no ganaron.

Texas hoy

En la segunda mitad del siglo xx Texas continuó creciendo y cambiando. Muchos de estos cambios fueron buenos. Las mujeres pueden votar. Los afro-americanos y los blancos ya no están segregados. Los hispanos tienen más oportunidades que antes. Y muchas industrias texanas están en auge.

Texas sigue siendo líder en lo que se refiere a algodón, ganado, petróleo, gas y bancos. Texas también está liderando al país hacia el futuro con su tecnología. En 1969 el Centro Espacial Johnson en Houston logró que el primer ser humano, Neil Armstrong, pisara la luna. Texas es el segundo estado más grande del país proveedor de empleo en tecnología. Dell Inc. y Texas Instruments tienen sus oficinas centrales en Texas.

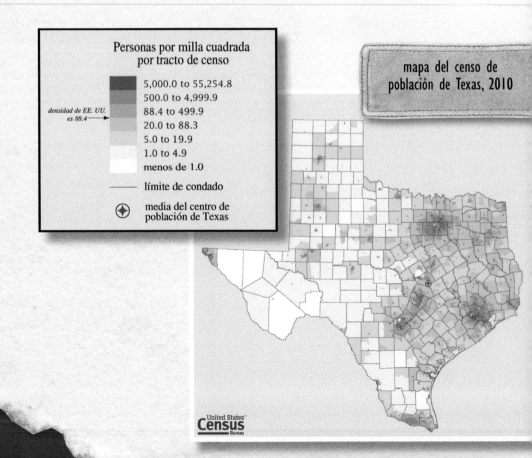

Personas por milla cuadrada por tracto de censo

	5,000.0 to 55,254.8
	500.0 to 4,999.9
densidad de EE. UU. es 88.4 →	88.4 to 499.9
	20.0 to 88.3
	5.0 to 19.9
	1.0 to 4.9
	menos de 1.0

—— límite de condado

⊕ media del centro de población de Texas

mapa del censo de población de Texas, 2010

United States Census Bureau

En 1969 Neil Armstrong dio "un pequeño paso" en la luna y lo llamó "un gran paso para la humanidad".

Centro Espacial Johnson

El Centro Espacial Lyndon B. Johnson en Houston abrió en 1963. Al principio se llamaba Centro Espacial de Actividades Tripuladas. El centro cambió su nombre en 1973 en honor a Johnson. Como senador de Texas Johnson trabajó mucho para que el centro espacial fuera creado.

En 1961 el presidente John F. Kennedy anunció un objetivo audaz. Dijo que Estados Unidos pondría a un humano en la luna para fines de esa década. Esta misión se conoció como el proyecto Apolo. Cuando el Centro Espacial Johnson abrió, tomó el control de las misiones Apolo.

Pero Texas aún tiene sus problemas. No hay suficiente agua y las autopistas están repletas de automóviles. Hay peleas por la inmigración. La brecha entre los ricos y los pobres se ensancha en Texas.

Los texanos no siempre están de acuerdo con cómo resolver estos problemas. La existencia de diferentes grupos de personas implica diferentes puntos de vista y opiniones. Sin embargo, los texanos han aprendido a trabajar en conjunto. Al trabajar juntos han hecho de Texas un líder en muchas de las industrias de la nación.

Glosario

agrarios: relacionados con la agricultura o la tierra

anglo-americanos: estadounidenses blancos de ascendencia europea

auge: periodos de crecimiento y ganancias

bancarrota: periodos de problemas económicos en que muchas compañías sufren pérdidas severas

bolsa de valores: un lugar donde se "intercambian", o compran y venden, bonos y acciones

campo: espacio abierto donde el ganado puede andar libremente y alimentarse

derechos civiles: libertades básicas otorgadas a todos los miembros de una sociedad

enmienda: un cambio añadido a la Constitución de los EE. UU.

enviado: embajador o representante

evangélicos: cristianos protestantes enfocados en la Biblia y el trabajo misionero

Gran Depresión: la crisis económica severa de Estados Unidos entre 1929 y 1939

herencia: tradición y cultura que se heredan al nacer

hispanos: gente de ascendencia española o latinoamericana

industrias: ramas específicas de la manufactura y el intercambio; negocios

inmigrantes: gente que se mueve a un país nuevo

lincharon: colgaron a alguien, usualmente debido a su origen o raza

minorias: grupos raciales o religiosos que son diferentes del grupo mayor del cual son parte

oleoductos: tuberías que transportan petróleo o gasolina de un lugar a otro

oro negro: un apodo del petróleo

pastizales: tierra que se usa para que el ganado se alimente

profeta: alguien que predice eventos futuros

protestantes: miembros de una iglesia cristiana fundada sobre las ideas de la reforma

ratificar: dar aprobación legal

refinerías: plantas que procesan el petróleo para producir gasolina, combustible para aviones y aceites lubricantes entre otros

reformadores: personas que cambian las leyes para corregir errores y mejorar la sociedad

rural: en el campo, lejos de las ciudades

segregados: separados por raza o grupo étnico

sequía: periodo largo sin lluvia

sufragio: el derecho a votar

surtidor: flujo natural de petróleo que sale de un pozo petrolero

tejanos: texanos nacidos en México

urbanización: proceso mediante el cual mucha gente de las áreas rurales se traslada a las ciudades

Índice

¡Es tu turno!

En 1901 un hombre encontró petróleo bajo la colina Spindletop cerca de Beaumont, Texas. El petróleo salía a chorros del suelo como si fuera una fuente. ¡Salió a chorros durante nueve días! Finalmente los trabajadores tomaron el control del pozo. El descubrimiento del petróleo, también llamado oro negro, cambió el mundo. Había tanto petróleo que la gente trabajó mucho para encontrarle otros usos. Pronto, las cosas que funcionaban con carbón fueron rediseñadas para usar petróleo.

¡Noticias de último momento!

Imagina que eres periodista en un periódico y te envían a cubrir la noticia del pozo en la colina Spindletop. Escribe un artículo sobre ese acontecimiento. Incluye citas de personas que fueron testigos de dicho acontecimiento.